神さまは私たちと共にいる

バレンタイン・デ・スーザ

DO EVERYTHING IN LOVE

教友社

まえがき

この本の刊行にあたって、私は、山口県岩国の信者の方々への感謝の気持ちでいっぱいです。

私が司祭として、イエズス会から初めて派遣されたところが岩国の教会でした。当時は、月二回のミサと週一回の信者たちとの会話に明け暮れていました。来日したばかりで、日本語をうまく話すことができない私にとって、はたして、信者の方々にうまくイエスさまの教えを伝えることができているかどうか、不安な毎日を過ごしていた時期です。

しかし、ここでの丸一年間の生活は、私にとって、今最上の喜びとなって実を結んだのです。

岩国での一年間の生活の後、アメリカに第三修練に出かけた私は、ある日、日本から送られてきた小包を開けて驚きました。岩国の信者の方々が作った手作りの小冊子が入っていたのです。信者の方々が、当時の私の話を記録し、手際よく一冊の小冊子にまとめたものでした。私の〝不安〟をよそに、信者の方々は、本当に真面目に私の話を聞いていてくれたのだと、感激で胸がいっぱいになったものでした。ですから、この小冊子は、私が書いたものというよりも、岩国の信者の方々の心の作品といってよいでしょう。

この本に接した読者の方々が、神さまを経験し、温かい気持ちをもった人間として生きることができたなら、私の司祭としての役目は果たせるものと思います。キリストの PRESENCE（存在）が、私たちの生活の事実になるよう、私は祈り続けます。

バレンタイン・デ・スーザ　SJ

目　次

母からの手紙

私のお母さんが、手紙で「岩国教会の信者の人に、やさしくしてあげなさい」と言ってきました。だから、私は、みなさんにやさしくします。

私の司祭としての仕事

私の司祭としての仕事は、信者と毎日出会う人々、神さまから与えられた人々に、愛と祈りで接すること、これだけです。

愛 Ⅰ

Where there is no love, put love, and you will find it.
愛のないところに、愛を入れてください。愛は出てきます。

キリストの証し

キリストを証しするとは、出会う人々を、愛と希望で祝福することです。神さまの愛で満たされて、その光をおよぼすことです。

神さまの救い

私たちは、毎日の生活から逃げることはできません。喜びのうちに、自分の責任を日々の生活の中で果たすことです。そうすれば、少しずつ変わってくるでしょう。この日々の生活の中にしか、神さまの救いはないのです。

人を受け入れる Ⅰ

人をありのままに、受け入れること。この人が、もう少しこうだったらといって、条件をつけているのは、受け入れていることになりません。

神さまの計画

I would like to go into the plan of God. ――神さまの計画に従うこと。喜びをもって。たとえ、そこに苦しみ、つらさがあっても、その中で生きることです。

神さまの贈り物

信仰は、神さまからの贈り物です。

愛 Ⅱ

一番中心は愛。愛がなければ何もなりません。――Do everything in love.

聖書の味わい Ⅰ

The Bible is the love letter from God. ――聖書は神さまからのラブレター。

聖書は、頭でなく、heart で感じてください。愛する人からの手紙だったら、その一言一言、一行一行を注意深く味わうでしょう。

そして、その人と心を合わせることができます。そのように聖書を味わってください。神さまからの愛の手紙として受け取れば、意味が出てきます。一節でもいい、響いたものがあれば、それを感じてください。自分を聖書の中に入れてください。

人々との交わり

深い愛のうちに、人々と交わっていくことができるように。

神さまとの出会い

小ささの中でのみ、本当に謙遜な人だけが神さまと出会うことができます。

神さまと一緒に

私たちは苦しい時、寂しい時、その中にそれを味わうことをしないで、逃げてしまいます。私たちには、人にかわいそうと思われたい心があります。そして、苦しみや孤独を十分味わいません。でも、それを味わわなければいけません。神さまと一緒に。

そのとき、そのまま神さまと共に味わったら苦労は軽くなります。

毎日の出来事

毎日の出来事をそのまま味わうこと。日々の生活の中で神さまと出会うこと。これが大切です。

アブラハムの態度

分け隔てのない愛で人を受け入れてください。そうすれば、神さまの祝福が与えられます。

しかし、その結果を求めるのではなく、何も考えずに神さまに任せましょう。アブラハムの態度はこれでした。

愛の心

神さまに対しても、人に対しても、まず与えるべきものは愛の心です。どんなに物を与えても愛がなければむなしい。

分け隔てのない愛

人の心には目に見えない部分がたくさんあります。だから、簡単にあの人はこう、この人はこう、と結論を出すことはできません。人を型にはめて見てしまったら、その人からの恵みが受け取れなくなってしまいます。分け隔てのない愛を持つようにしてください。

誰のために生きているのか

誰のために生きている毎日か、人のためにとりなしをしているか、人のために祈っているか。反省してみてください。

天の国

〝天の国は、畑に隠された宝、値打ちの高い真珠です〟（マタイ1・4～6参照）。本当に、神さまの美しさ、大切さがわかった人は、神さまからもう離れたくないと思うものです。

一人一人の道

人によって神さまと出会う道はまったく違うから、それぞれの道を見いだし、その道の中でやっていくことです。私たちはコピーではありません。一人一人の道はまったく違います。

人の違い

私たちは一人一人違います。しかし、その違いのうちに、一致を見いだすことができます。We are different, but we can find unity in this difference. ――違うからといって、人を受け入れないことのないように。

人から遠くなる

人から遠くなると、神さまからも遠くなってしまいます。人から遠くなったことはないか（家族の中で、人々の中で）、反省してみてください。

人の成長

人の良い面を見てください。良いところを見て誉めてください。その中に成長があります。子どもに対しても同じことです。悪い面ばかり見ると、それにとらわれてしまい、その人から恵みを受けられなくなります。

心配

余計な心配にいつも気をとられすぎたら、生きる楽しさがなくなってしまいます。自然でなくなります。

貧しい人　I

貧しい人は、自分に何もないがゆえに、神さまにすべてを任せることができるのです。

信者の資格

愛はゆるすことです。ゆるすことは忘れることです。一度まずい人間関係になっても、完全に、次にはまったく何もなかったかのように忘れることです。周囲の人を毎日、新しい人として素直な心で見ることです（to forgive and to forget）。この愛がキリスト者として、ほかの人と違う点です。これがないなら信者と言えません。ゆるす愛がなければ、むなしい。

信仰

信仰は知識（knowledge）でなく、知恵（wisdom）です。

心を開く

水がめも蓋が閉まっていたら、満たすことができません。心を開いてください。

空っぽの器

空っぽの器こそ、神さまは満たしてくださいます。

自由

「自分の持ち物を一切捨てないならば、あなたがたのだれ一人としてわたしの弟子ではありえない」（ルカ14・33）。

親も子も家族も神さまから与えられたものですから、それらをすべて、神さまに任せて、あずけることです。そうすれば、自由が得られます。信仰の目で見なければなりません。冷たく厳しい言葉ですが、信仰の目で見てください。

貧しい態度

「心の貧しい人々は、幸いである」（マタイ5・3）。

これは、貧しい態度、心の態度の意味です。今自分の持っているものは、すべて神さまからいただいたものです。神さまから与えられたものとして受け取ることによって、自分の命をも神さまに捧げることができます。感謝と喜びで返さなければなりません。

満足

The heart is a lonely hunter. ——心はいつも何かを求めて満足することがありません。自分で得ることができると思うから、人間は自分では満足できないのです。

源である神さま

〝谷川の水を求める鹿〟（詩編42・2参照）のように。源である神さまへ帰っていくように。神さまのことを第一でなく、第二、第三にしていなかったか反省してください。

美徳の総計

愛は所有することではありません。愛するものを所有してしまっては、自由がなくなります。所有ではなく、共にすることです。共同です。自分を open にして、心に入っていくことです。愛はすべての美徳の総計であり、目的なのです。

ありふれたこと

The simple things in life are difficult to understand. ——ありふれたことほど、わかるのは難しい。

人生

The possibility of life. ——人生の可能性。

人生は、毎日毎日が違います。毎日出会う人も違います。神さまに出会う方法は、毎日違っています。人生は決まった形のものではありません。

赤ちゃんのように

誰も神さまを見た者はいません。でも人々の中に、人々をありのままに受け入れることによって神さまを見いだすことができます。人を固定観念でとらえてしまってはいけません。相手に拒絶されても、やはり受け入れることです。恐れをもっていては何もできません。「愛には恐れがない。完全な愛は恐れを締め出します」(Ⅰヨハネ4・18)。

人間だから失敗はあります。歩きはじめた赤ちゃんのように、転んでも転んでも立ち上がることです。

みことばの厳しさ

みことばの厳しさは、厳しさが目的ではありません。私たちの生活を反省し、変えていくためのものです。聖書の中にある challenge(挑戦)に応えていかなければなりません。日常生活においても。

わずかのひび

人を見下す態度がないかどうか反省してみてください。わずかのひびからも、心はだめになります。

謙遜な心

人間の心は、洞窟の中に入ってライトで照らすように、次々に見えてきます。自分が謙虚になった、神に近いという思いも傲慢です。本当に謙虚になれば、その心の状態がだんだん見えてきます。人間の心には限りがありません。人間は生きている限り成長することができます。

Mission（使命）

私たちの mission（使命）は福音を宣べ伝えることです。教会が、organization（組織）となってしまって、宣べ伝えることをしなくなれば崩壊してしまいます。宣べ伝えるとは、口で言うだけでなく、体で、生活において示すことです。

準備 I

神さまは、必要なものは、必ず与えてくださいます。与えられないのは、人間の側の準備ができていないからです。

おごった思い

重い皮膚病をいやされたとき、感謝を示したのは、ユダヤ人以外の人々でした。自分は信者だからとか、洗礼を受けているからという、おごった思いの人は救われません。日々の生活の中での行いで、信仰を示してください。

感謝の気持ち

見えない部分でつながっている多くの人々への感謝の気持ちをいつも忘れないでください（電車に乗ったときは運転している人へ、食事のときは農家の人へというように）。

祈り

This is the time to pray でなく、This is the time in prayer です。集中的に祈るのではなく、一日のすべてを祈りにすることです。祈りのうちに行うことです。私たちは、目に見えない神さまを信じています。そのためには、祈りが必要です。

キリストの態度

キリストは、誰も踏みつけませんでした。罪の女に石を投げませんでした。私たちが人を完全に理解することができない以上、他人に対して罪を定める権利は、私たちにはありません。罪は罪ですが……。

否定的側面

We can hate evil so much that we forget to love good.
悪を嫌うあまり、善を怠ってしまう。

悪や罪のゆえに、良いものを忘れないように。否定的側面ばかり強調すると、神さまからいただいたせっかくの賜物、恵みが見えなくなります。negative にではなく、positive に。子どもを育てるときも同じことです。

心の豊かさ

人への信頼感は神さまからくるものです。心の豊かさを持ってください。

神さまのわざ

神さまへの信仰と、近い人たち、特に自分に与えられた家族への信頼が大事です。近い人を信頼することなく、神さまを信仰することはできません。神さまのわざは、いつも人間のうちにあらわれるのです。

責任

〝多く与えられた者は、多く要求される〟（ルカ12・48参照）。

奥義として神さまから信仰を与えられた私たちには責任があります。それを日々の生活の中で、果たしていかなければなりません。たとえ、トイレ掃除をしながらでも、神さまを体験することができます。

尊敬

司祭として、信者の皆さんを尊敬しています。子どもの年齢に応じて、子どもを尊敬し、自由を与えてください。

福音の教え

脅迫し、支配する関係では、福音の教えは無になってしまいます。それでは、本当の人間関係を深めることはできません。

人間

「神はお造りになったすべてのものを御覧になった。見よ、それは極めて良かった」（創世記1・31）。神さまは人間を造られた後、特に良いと思われました。人間は、神さまの計画の中で非常に大切なものであり、中心となるものです。

本当の自由と独立

本当の自由、独立とは、相手を尊敬して、謙遜のうちに歩むことです。自分で責任を持って。

自分の生活についても、人間の持っている、神さまから特別に与えられた知識と意志によって反省することができます。

神さまの力

罪、弱さ、悪は、人間の力より強いものですが、私たちは、それを乗り越えることができます。自分の力によってではなく、神さまの力、恵みによって。恵みによってだけ、罪を乗り越えることができます。

神さまの経験

信仰は心の中に響くことです。

いくら聖書を知っても、研究しても、この経験がなければ無意味です。だから、教育の程度と信仰の程度は違います。教育は信仰のために必要ではありません。神さまの経験は、いつでも、どこでも、誰にでもできます。

聖書的態度

素直な心、分け隔てのない愛の心、そのような心で与えたものを相手が受け入れなくても、自分の心は傷つかないでしょう。なぜなら受け入れなかった人も、そのままに愛することができるからです。それが聖書的態度です。人間としては傷つくかもしれません。けれども、信者としては、傷は深くないはずです。

清い心

「アベルは羊の群れの中から肥えた初子《ういご》を持って来た」（創世記4・4）――供え物について、捧げるときの態度が問題です。右の手で捧げて、左の手で自分の物を捜していませんか。物よりも、清い心が大切です。

言葉による殺人

本当の殺人よりも、言葉による殺人はひどいことです。人の悪口を言うことは、殺人と同じことです。

思い上がった心

おごり高ぶった心、人と比べて自分が優れているという、思い上がった心を反省してください。そのような心では、他人をありのまま受け入れることはできません。

静かに考える時

Ⅱテサロニケ3・7〜12——ここでは働くことについて語られていますが、大事なことは、忙しく、忙しくして、神さまからいただいた時間を大切にしないでいることを反省することです。蝶《ちょう》のように飛んで飛んではなく、ちょっと立ち止まり、静かに考える時があるかどうか。busy boy ではだめです。自由ではなくなってしまいます。

神さまの助け

〝わたしの名のために、迫害されることがある〟（ヨハネ15・18〜21参照）。しかし、その迫害、苦しみも人間が自己中心から作ったものであっては、神さまは助けられません。神さまはしばられているようです。神さまの計画ではなく、自分の計画を行っているときには助けがありません。本当に神さまの計画に従って歩んでいくときには、この言葉は真実となります。

神さまの計画に従って歩む

確かに神さまのみ手にある、神さまが共にいてくださるという確信をもって歩むことです。それが一番安心です。

感謝

持っていないものをほしがるのでなく、持っている良いものに感謝してください。

生命あるものの神秘

すべてわかってしまったら、物になってしまいます。私たちにとって、神さまが目に見えないことは恵みです。今、目の前に神さまが現れても信じないでしょう。肉体の目で見、耳で聞いたら、それは物になってしまいます。私たちはいつも、しるしを求めますが、神さまは、それ以上のお方です。神さまは経験することだけできます。生きているものは神秘です。

待つ

待ちましょう。待つことは恵みです。待つことによって根がより深くなるから。

見えない神さま

闇の状態とは、神さまから離れることです。人が神さまから遠くなることです。周囲の人を愛していないなら、見えない神さまを愛していることになりません。

生活の意味

ほほえみと安らぎをもって、喜びのうちに証しすることがなかったら、私たちの生活には意味がありません。

現実

When you are aware of your position, the problem becomes small.

自分の今の現実の状態に気づいたら、不必要な心配に悩まされることがなくなります。

無意味な生

神さまからの汲めども尽きぬ泉、井戸から恵みを受けてください。自分でやると力がなくなってしまいます。神さまの祝福がなければ生きてゆけません。無意味な生です。

人への理解

人と人が理解できない悲しさ、寂しさがなくなりますように。

キリストの恵み

キリストに従って、キリストの恵みのうちに、歩むことができますように。

生きている姿

あなたがたの生きている姿によって——信者として、母親として、社会人として、学生として——あなたがたから、何かを得ることができる人がいるはずです。口で言うことによってではなく、生きている姿で信仰を示してください。

一緒に歩く

O Lord, don't walk ahead of me, as I may not cope with you.
O Lord, don't walk after me, as I do not know where I am going.
O Lord, walk beside me that you may lead me where you have a plan for me.

神さま、私の前を歩かないでください。
私は遅れてあなたから離れてしまうから。
神さま、私の後を歩かないでください。
私はどの道を歩むかわからないから。
神さま、私と一緒に歩いてください。
あなたの計画のある道を歩めるように。

静かな祈り

イエスは朝まだきに、寂しい所に退いて祈っておられました（マルコ1・35参照）。動き回ることよりも、静かにして祈ることが大切です。

本当に大切なもの

自分の力に頼るのではなく、自分が何を本当に大切にしているか、神さまを第一にしているか、考えてみてください。本当に神さまに任せてしまっていれば、ものがあるがままの状態で受け入れられます。

光

家族の中で一人か二人の信者は、〝光〟とならなければなりません。キリストから来る光に。

司祭の役目

司祭が、神さまと人とをつなぐ水路となれるように祈っていてください。
Make me a channel of your peace.

キリストの贖《あがな》い

キリストの贖いはただ一度、まったく完全なものでした。だから、神さまのゆるしは完全です。罪悪感は必要ありません。それは自分の心の状態です。

クリスマスのメッセージ

インマヌエル——私たちと共にいる神さまの意味です。心の中の平和こそ、クリスマスの本当のメッセージです。

毎日がクリスマス

Happy Christmas！
毎日がクリスマスです。毎日、イエスさまと出会っている喜びがあるから。

クリスマスの恵み

神さまの言葉に従って歩むこと。
心の平和と愛のうちに歩むこと。
自己中心を破り捨てて、人々に対して尊敬と謙遜をもって受け入れること。

これがクリスマスの恵みです。

人を受け入れる　Ⅱ

ありのままに人を受け入れること。それを口で言うのは、やさしいことです。けれども、実際にやることは難しいことです。しかし、確かにできます。神さまの力によって、祈りによって。人をありのままに、愛をもって受け入れなかったらどうなるか、考えてみてください。

従順

従順はただ、「はい、はい」と従うことではありません。本当に神さまの計画を求めて、その中で従って歩むことです。

ナザレでの生活

イエスさまのナザレでの三十年間は、沈黙のうちの生活でした。家庭の中での生活でした。しかし、時が満ちて、み旨が実現しました。私たちの家族の生活でも、その沈黙の時があります。それを大切にしましょう。

神さまの愛

「いまだかつて神を見た者はいません。わたしたちが互いに愛し合うならば、神はわたしたちの内にとどまってくださり、神の愛がわたしたちの内で全うされているのです」（Ⅰヨハネ4・12）。この言葉が実現しますように。家庭の中で、また与えられた人々を愛することで……。

神さまは共にいる　Ⅰ

一番苦しみ、一番孤独なとき、神さまは必ず共にいてくださる。

信仰の目

苦しみ、試練を信仰の目をもって見てください。信仰の目がないなら、なぜと問うばかりです。しかし、神さまは意味をもっておられ、それを与えています。その意味は、一人一人探していかなければなりません。

謙遜さ

謙遜な人だけが神さまと出会うことができます。外から見たものではなく、自分の内奥の誰にもわからないところにおける本当の謙遜が大切です。

主のうちにあって

「誇る者は主を誇れ」（Ⅰコリント1・31）。Everything is a gift. ――すべてのもの、自分自身も、神さまからのプレゼントです。すべていただいたものであり、恵みです。だから、主のうちにあって、ということが大切です。

祈って待ち、待って祈るように。

調和

What you believe depends on what you are. ――あなたの信じるものは、あなたの現在の姿をあらわしています。

信仰は自然に出てくるものです。私のやることと、生きることが同じになるように。神さまは人間を調和のために造られました。

番人

創世記4・9――私たちは、お互いに無関係ではありません。助け合うものです。その意味で、お互いに番人です。それが信者として人と接するときの態度です。無関係なら、social sin（社会的な罪）がでてきます。現在の世界は密接につながり合っています。そのため、国の指導者のためにも祈る必要があります。

神秘

この世に当たり前のことは何一つとしてありません。生命は神秘です。子どもも神秘です。つまらないと思えることの中にも、神秘を見ることができます。イエスさまも故郷では、受け入れられませんでした。人々は、あのマリアの子という軽蔑の見方で、当たり前のこととして見ていました。私たちも、当たり前のこととして見ているのではありませんか。自分の家族、子ども、生命、それらはみんな神秘です。生活の中に起こる神秘を見てください。

ありのままの愛

神さまは、私たちの弱さも、そのまま愛してくださっています。だから、私たちも人々をありのまま愛するように。

素直な人間関係

神さまは私たちをすべてご存じで、隠すことは何もありません。私たちの人間関係も単純で、素直なものであればいいのです。そのためには、神さまの恵みが必要です。それは、素直な心を望む人にはできることです。

神さまの宣言

「わたしは主、あなたの神」（イザヤ41・13）。

これは、私はあなたと共にあるという、神さまの宣言です。見えないものの中に、神さまのわざを経験すること、その経験を通して、神さまは主であると宣言しているのです。

響く心

「神の国はあなたがたの間にあるのだ」（ルカ17・21）。神さまは自然に、緊張することなく、静かに、知らない間に、私たちの中に入ってきます。宣伝は必要ありません。

私たちの心には、良いものに対して響く心があります。もちろん、人に対しても。それは神さまの恵みです。その心に素直になればいいのです。

音の無い状態

「彼は叫ばず、呼ばわらず、声を巷《ちまた》に響かせない」（イザヤ42・2）。

静かに心を開いて聞けば、聖書の言葉は実現します。イエスさまの洗礼の場面も、騒ぎはありませんでした。音の無い状態でした。

神さまの声 Ⅰ

「これはわたしの愛する子……」（マルコ9・7／1・11参照）という、イエスさまの洗礼の時の声も、本当に神さまと共にいた人にだけ聞こえたはずです。

ラジオやテレビのチャンネルを合わせると、その局だけの放送が聞こえてきます。そのように、チャンネルを合わせなければ、神さまの声は聞こえません。wave（波長）を合わせれば、確かに神さまの声は聞こえます。

魂と体

神さまの吹きかけた命の息によって、人は生きるものとなりました。人間は、特別に神さまによって親しく造られたものです。人は幸せになるべく、神さまを賛美すべく、造られたものです。そして、生まれた時のように、魂と体は一つの状態にしておいた方が良いのです。離れると不安になります。

「はい」と「いいえ」

「はい」は「はい」。「いいえ」は「いいえ」。「はい」と言いながら「いいえ」の気持ちがあることは分裂になります。お世辞は言わない方がいいですね。言葉と思いが一致しないから、精神のバランスが崩れ、ノイローゼになってしまうのです。

準備 Ⅱ

神さまのわざの経験には、一人一人違った準備が必要です。イエスさまの誕生も、旧約の時代からの長い準備がありました。突然あらわれたのではありません。日々の生活にも、時間のかかることがあります。準備のある生活には意味があります。

出会い

イエスさまが触れると、目の不自由な人の目が治りました（マルコ8・22〜26参照）。出会いとは、自分が出て行って、人と会うということです。相手によって自分が変わり、相手から恵みを受けることです。私とほかの人との出会いも毎日あります。何か心が通じ合ったら、その人から得るもの、教えられるものがあります。

自分が与えるのではなく、人々を受け入れることです。毎日新しい気持ちで人に会うように。

磁石のようなイエスさま

磁石のように、人々をすいよせるイエスさま。今もその事実があります。

神さまの招き

「来なさい」（ヨハネ1・39）。

神さまは、いつも招いていらっしゃいます。それに応えるか否かは、一人一人の自由です。

神さまの知恵

神さまの〝知恵〟を求めてください。

自分の力に頼っていたのでは、何もできません。そうすれば、少しずつ生活が変わっていくでしょう。

神さまへの信頼

神さまに生活のすべてを任せきってしまえば、そこに必ず恵みが入ってきます。本物になります。深く経験できます。神さまにすべてを捧げる前に、心配したり、恐れていては、神さまも働けません。生活の中で、悩みにばかりこだわっていていては、神さまを忘れがちになります。周りのことばかり見ていては、一番大切な中心を忘れてしまいます。

新しい日

「明日のことまで思い悩むな。……その日の苦労は、その日だけで十分である」（マタイ6・34）。

毎日が新しい日です。感謝し、賛美できるよう、この新しい日を大切にしてください。昨日は過ぎ去り、明日は来るかどうかわかりません。私たちに与えられているのは、今日だけです。

一日のことを、一生懸命励むだけで十分です。神さまにだけ心を与えてくださ い。完全に与えたら、同時に、人間にも仕えることができます。神さまにすべてを任せたら、人間として何もすることがなくなるかのように感じるかもしれませんが、そうではありません。子どもっぽくではなく、知恵をもって、責任を果たしつつ、子どもの素直さで神さまに従ってください。

すべてを神さまに任せてください。

アブラハムの生活

アブラハムは信仰によって義とされました。神さまの約束〝従うものは祝福される〟（創世記12・1～4参照）は、生活の中にあらわれます。アブラハムのような生活は、現代にも必要です。日々の生活を神さまに任せたら、私たちの信仰は深くなります。アブラハムは安全なところから出て行きました。何もわからない、何も知らない土地でも、神さまの呼びかけがあったら、応えて、従っていきました。このようなことは、私たちの生活の中にもあります。アブラハムのように、神さまを信頼して歩みましょう。アブラハムは、神さまを信頼して歩みはじめたので、神さまから祝福されました。

私たちも、毎日の生活、家庭生活を少しでも神さまに任せたら、神さまの恵み、祝福が生活の中に入ってきます。

素直に、従順に従えるように祈りましょう。

聖なる生活

Iテモテ1・12〜17――神さまは私たちを聖なる生活に招いています。神さまの恵みには限りがないから、注がれて、あふれ出てくるものとなります。私たちには、この招きを受けるか、捨てるかの自由はあります。

二つの耳

「これはわたしの愛する子、わたしの心に適《かな》う者」（マタイ17・5）。私たちは、時々聞く耳を持ちません。自分の聞きたいことだけを聞いています。耳をもっと傾けたら、たくさん恵みが入ってきます。聞く耳によって、人の慰めの声、悩み、悲しみの声が聞こえてきます。この耳で聞くように。神さまは、人間に二つの目、二つの耳、一つの口を与えました。二つの耳でよく聞き、半分だけ話すように。

苦しみと喜び

日々の生活には、苦しみ、悩みがありますが、喜びもあります。待つことによって、すべては恵みとなります。ペトロ、ヤコブ、ヨハネも山に登るという苦労の後、イエスさまの変容の出来事に出会いました。日々の生活の苦しみ、悩みを素直に受けて、神さまのために待っていたら生活は変わってきます。なぜなら、イエスさまに従って歩いているのだから。

イエスさまの弟子たち

マタイ20・17〜28——弟子たちは、イエスさまのそばにいても悟らず、この世で偉くなることを考えていました。

神さまの声 Ⅱ

〝人の子は仕えるために来た〟（マタイ20・28参照）。これはイエスさまの本当の謙遜です。謙遜であれば、神さまの声が聞こえます。

聖書の味わい Ⅱ

聖書が生活の事実となるように。――It has to become the reality of life.
聖書のうちの一節でもいいから、心に響かせ、味わってください。一日でも、一週間でもいいから味わってください。

不自由

人に対して抵抗を抵抗でかえすこと、反発に反発でかえすことは、自分の心が不自由になります。それは、他人によって動かされることになるからです。どんなに反発があっても、その人をそのまま受け入れ、愛することです。

やさしさ

人がどんな態度であなたに接しても、あなたが、いつもやさしさで接すると、あなたは自由になれます。それが自由というものです。相手の悪に悪でかえすと、あなたは相手の奴隷です。

神さまのやり方と人のやり方

Iサムエル16・1~13——神さまのやり方と、人のやり方はまったく違います。聖書は難しくて、やさしい。人の考えでは難しいけれども、神さまの力があればやさしいのです。聖書は飾り物ではありません。この素晴らしい、たくさんの言葉が、すべて心に入り、生活の事実となるべきです。それには、神さまとの出会いが必要であり、神さまとの出会いには時間がかかります。

光と闇の違い

エフェソ5・8〜14——光のうちにあって、見えないものを見る。

光があれば何でも見えます。新しい生活が送れます。イエスさまの経験があれば、光と闇の違いがわかります。光がなければ、目があっても、何も見えない人と同じです。

目の不自由な人

ヨハネ9・1〜38——不自由な人を見て、かわいそうと思い、自分は全部持っていて、あの人たちは持っていないと思うのは間違いです。目の不自由な人は私たちなのです。全部与えられているのに、それを人のために使っていません。そして感謝もしていません。私たちこそ、かわいそうなのです。タラントンのたとえ話のように、宝を土の中に隠してしまっています。神さまからいただいた恵みを本当によく使っているかどうか反省してください。使えば、神さまはもっと与えてくださいます。

心のイエスさま

信仰は、植木や床の間の飾り物ではありません。飾っておくだけのものだったら、まだまだイエスさまから遠いのです。

頭で考えたイエスさまではなく、心のイエスさまを経験してください。

家族

教会から帰ったら、神さまの言葉を飾り物にしてしまわないで、神さまを家族の中に入れるように努力してください。神さまが、家族の一人一人の心の中に、確かにいらっしゃることを望んでください。

家族は、神さまが特別に与えられた人々です。大切にしてください。神さまと一緒にいれば、必ず、神さまへの望みはかなえられます。神さまが共にいれば、それで十分です。

人への理解

私たちは人のことを完全に理解することはできません。裁くこともできません。だから、そのままやさしく受け入れてください。このやさしさで、キリストを証明することができるのです。私たちは、神さまの心の反映でなければなりません。行いは心を表します。人々が私たちを見たとき、そこに神さまが存在するような行動をしてください。これは、人間の力だけではできません。祈りが必要です。

聖書と生活

信者だと言いながら、イエスさまが生きていないなら無意味です。聖書を生活に反映させてください。

イエスさまの言葉

イエスさまのおっしゃった言葉は少ない。いつも同じことでした。愛について語っておられました。

努力

努力が必要でないとは言いません。しかし、努力だけではできません。

真理

「真理はあなたたちを自由にする」（ヨハネ8・32）。真理を悟ると、何を選ぶべきかわかり、迷いません。いつも、聖書に、キリストの言葉に照らしてみてください。

愛の心

愛の心をもってみれば、愛が見つかります。

兄弟への憎しみ

「『光の中にいる』と言いながら、兄弟を憎む者は、今もなお闇の中にいます」（Iヨハネ2・9）。光に照らされた人は、この世にあっても、兄弟を憎むことはないはずです。

心の経験

子どもが親の姿を見なくても、信頼し、確信しているように、今、目に見えないけれども、神さまのわざを心の経験とするように。

神さまは、日々の生活の中に、いつも力を与えてくださっています。

心の平和

私たちは、自分を大切にして、自分を高めることしか知りません。これでは、人々に平和を伝えることはできません。心の平和は、柔和な人、謙遜な人から与えられます。

大切な心の態度

「恵みと真理はイエス・キリストを通して現れた」（ヨハネ1・17）。わざが必要なのではありません。わざではなく、人々を愛する、ありのまま受け入れるという、心の態度が大切なのです。

神の霊

〝聖霊と火による洗礼〟（マタイ3・11参照）。

水を道具として、神の霊が入ってきます。教会の秘跡は、日々の生活の中にある、油、水、パン、ぶどう酒など、何でもない普通のものを使ってなされています。

一般の生活でも、神の霊が入ってきたら、知らないうちに自然に変わってきます。

神の民

神さまは、キリスト教徒だけのもの（monopoly）ではありません。神の民というのは、全世界の人々のことです。イエスさまは、誰でも、いつでも、どこでもすべての人々のものであり、一人一人のものです。すべての人が神の子なのです。

家族のための祈り

子どものために、家族のために祈ることは、食事の支度をすることよりも大切なことです。

家族を大切に

家庭、つまり家（建物）と庭の家庭ではなくて、家族一人一人を大事にしてください。家族の中に、いつもキリストがいるように。
家族の中に神さまの祝福があれば、それで十分です。

結果

家族が共に祈ることは、素晴らしいことです。その祈りの結果は、すぐにはわかりません。十年かかるか、二十年かかるか、それはわかりません。でも必ず恵みはあります。しかし、いつも結果を求めて祈らないでください。

子どもに残すもの

子どもに与えるもの、残すものは、心の安らぎと愛です。このために一生懸命働いてください。財産のために働かないでください。

自分の影

私たちの生活、苦労、寂しさ、悲しさは、自分の影のように、いつも自分について来て、決して離れません。それから逃げ出さず、イエスさまと共に、十字架にかかったイエスさまと共に運んでいくべきものです。

神さまは共にいる Ⅱ

今のあなたから逃げてはいけません。幸せは、遠くかなたにあるのではないのです。現実の日常生活は、あなたに特別与えられた神さまからのプレゼントなのです。当たり前のことではないのです。

恵みを深く味わってください。

キリストはあちこち探し回らなくてもいいのです。あなたと共にいます。

神さまの祝福

あなたがたの家庭に神さまの祝福があるように。平和と愛がいつもあるように。祈りがあるように。

愛と祈り

私のいつも言ってきたこと、それは、「愛と祈り」「祈りと愛」。私の知っているのは、これだけです。

疑いからの解放

私たちの生活に試練があったら、神さまの存在を疑ってしまいます。疑いから解放され、信じるものとなるように。

罪

罪は、日々の生活の事実です。
全部、素直に認めなさい。
一度には何事もできません。少しずつしかできません。祈ってください。
キリストも三十三年間、歩き続けたのです。

裏切り

イエスさまに一番近い弟子の一人のユダが裏切ったように、私たちも神さまを裏切ることがあります。これは、生活の事実です。

家族を裏切っていないか、自分の心を反省してみてください。

人を受け入れる Ⅲ

人を受け入れることは大切です。あなたが、人から受け入れてもらえるようになってください。キリストがそうであったように。ファリサイ派の人々、長老たちはいつも自分は高いところにいました。しかし、イエスさまが来られて、目上、目下の関係は全部こわれてしまいました。イエスさまは罪の女、重い皮膚病の人、取税人を受け入れられ、その人と同じになられました。

自分を受け入れてもらうことは素晴らしい、相手と自分が一緒になることだからです。

日々の生活の中の恵み

日々の生活の中に、神さまが与えてくださっている恵みは、たくさんあります。これを悟ってください。

キリストの約束

「わたしは世の終わりまで、いつもあなたがたと共にいる」（マタイ28・20）は、本当に確かなものです。

出会う人の言葉

神さまの声は、人々の中に聞くことができます。子ども、夫、妻、出会う人の言葉の中に。

朝の祈り

主よ、私の力によってではなく、あなたの力によって、何でもさせてください。

夜の祈り

今日一日、お与えくださったものばかりで、すべて感謝です。

本当の愛

他人の悲しみや苦しみには、みんな心から同情します。しかし、他人の喜びを心から喜ぶことこそ、本当の愛なのです。

インドの古いたとえ話

物乞いが村を歩いていました。

向こうから、黄金の馬車に乗った王さまがやって来ました。

私はこれでもう物乞いをしないで暮らせる、と物乞いは喜びました。

馬車が止まり、王さまが降りて来て、物乞いに言いました。

「私に何をくれるか」と。

物乞いは、王さまが物乞いをするとはと驚いて、袋の中から一粒の麦を差し出しました。

その日も終わり、袋の中を開けたとき、その中に粒の黄金を見つけた物乞いは、気がつきました。

あの王さまは神さまだった、と。
物乞いは思いました。
私の持ち物を残らずあげたらよかったのに、と。

貧しい人　Ⅱ

持っているものの多い少ないではなく、いただいたものすべてを神さまに捧げる態度が、貧しい人の態度です。

幸せを運ぶ人

幸せを運ぶ人になってください。

本書は一九八五年一月にドン・ボスコ社から発行された『神様は私たちと共にいる』の本文を一部修正し、新装版として発行したものです。

また、聖書の引用は、日本聖書協会『聖書　新共同訳』によるものです。

著者略歴

バレンタイン・デ・スーザ

1946年、インドのダールワールに生まれる。ボンベイ大学医学部で細菌学を専攻。卒業と同時に1968年、イエズス会に入会。1974年に来日。1979年、東京・麹町の聖イグナチオ教会で司祭に叙階される。1980年、上智大学神学部卒業後、山口県岩国教会の助任司祭、1982年から聖イグナチオ教会で助任司祭を務める。1990年、カリフォルニア大学クリエイション・スピリチュアリティ修士。1998年、ジョージア大学老年学修士。

2004年よりカトリック六甲教会助任司祭。2007年より聖母病院チャプレン。2018年、ルクセンブルグでEU28カ国の人々の司牧をする。2019年よりイエズス会上石神井修道院。現在、司牧や黙想指導などを行なっている。

著書に『そよ風のように生きる──旅ゆくあなたへ』[同、韓国語、中国語版]、『やさしさの愛につつまれて』[同、韓国語版](以上、女子パウロ会)、『人生を祝福する「老い」のレッスン』、『子育てのスピリチュアリティ──子どもの幸せを願う親たちへ』(以上、幻冬舎)がある。

神さまは私たちと共にいる

発行日………2023年6月20日　初版

著　者………バレンタイン・デ・スーザ
発行者………阿部川直樹
発行所………有限会社 教友社
275-0017 千葉県習志野市藤崎6-15-14
TEL047(403)4818　FAX047(403)4819
URL http://www.kyoyusha.com
印刷所………モリモト印刷株式会社

ISBN978-4-907991-95-1 C3016